BEI GRIN MACHT SICH IHR WISSEN BEZAHLT

- Wir veröffentlichen Ihre Hausarbeit, Bachelor- und Masterarbeit

- Ihr eigenes eBook und Buch - weltweit in allen wichtigen Shops

- Verdienen Sie an jedem Verkauf

Jetzt bei www.GRIN.com hochladen und kostenlos publizieren

Florian Dirr

Kriminalität im Hell- und Dunkelfeld - Kriminalitätsstatisktik im Überblick

GRIN Verlag

Bibliografische Information der Deutschen Nationalbibliothek:

Die Deutsche Bibliothek verzeichnet diese Publikation in der Deutschen National-
bibliografie; detaillierte bibliografische Daten sind im Internet über http://dnb.d-
nb.de/ abrufbar.

Impressum:

Copyright © 2004 GRIN Verlag GmbH
Druck und Bindung: Books on Demand GmbH, Norderstedt Germany
ISBN: 978-3-640-29064-2

Dieses Buch bei GRIN:

http://www.grin.com/de/e-book/123315/kriminalitaet-im-hell-und-dunkelfeld-kri-
minalitaetsstatisktik-im-ueberblick

GRIN - Your knowledge has value

Der GRIN Verlag publiziert seit 1998 wissenschaftliche Arbeiten von Studenten, Hochschullehrern und anderen Akademikern als eBook und gedrucktes Buch. Die Verlagswebsite www.grin.com ist die ideale Plattform zur Veröffentlichung von Hausarbeiten, Abschlussarbeiten, wissenschaftlichen Aufsätzen, Dissertationen und Fachbüchern.

Besuchen Sie uns im Internet:

http://www.grin.com/

http://www.facebook.com/grincom

http://www.twitter.com/grin_com

KRIMINALITÄT IM HELL- UND DUNKELFELD

Referatausarbeitung

von

Florian Dirr

Institut für Soziologie

Eberhard Karls Universität Tübingen

Seminar: Abweichendes Verhalten und soziale Kontrolle

Berlin, 7. April 2004

Inhaltsverzeichnis

Vorwort

Die folgende Referatsausarbeitung hat das Thema „Kriminalität im Hell- und Dunkelfeld". Unter dieser Überschrift wird als thematischer Schwerpunkt der Frage nachgegangen, was wird unter dem Begriff Kriminalstatistik verstanden, welche Arten von Erhebungen im Hell- und Dunkelfeld gibt es, welche Aussagekraft obliegt den einzelnen Statistiken bzw. Untersuchungen und wie werden diese erhoben. Besonderes Augenmerk richtet die Arbeit auf die polizeiliche Statistik (PKS), welche als das populärste, aber auch als das meist umstrittenste Messinstrument für Kriminalität gilt. Der Prozess der Datenerfassung, vorhandene Fehlerquellen und verzerrende Faktoren sowie eine daraus resultierende Beurteilung finden ebenfalls Eingang in die vorliegende Arbeit. Die Dunkelfeld-Forschung wird gleichsam dargestellt und auf ihre Aussagekraft und Bedeutung als „Messinstrument" der Kriminalität hin untersucht und diskutiert.

1. Definition des Begriffs „Kriminalstatistik"

„Der Oberbegriff „Kriminalstatistik" umfasst alle amtlichen Statistiken, in denen Ergebnisse staatlicher Ermittlungs- und Strafverfolgungstätigkeit registriert werden. (Tatverdächtige, Abgeurteilte, Verurteilte, Probanden, Gefangene). Solche regelmäßig (jährlich) erscheinende „Statistiken" enthalten ... Angaben über Art und Ausmaß der registrierten Straftaten sowie über einzelne Eigenschaften der offiziell festgehaltenen Straftäter (Kerner 1993). Diese allgemeine Definition wird von Kerner weiter präzisiert bzw. eingeschränkt: „In der Bundesrepublik tragen nur noch die *kriminalpolizeilichen Datenwerke* den ausdrücklichen Titel Kriminalstatistik ..."(Kerner, 1993). Im Verständnis der von Kerner getroffenen Definition werden lediglich die polizeiliche Kriminalstatistik des Bundeskriminalamtes sowie die Jahresstatistiken der Landeskriminalämter unter dem Titel *Kriminalstatistik* subsumiert. Im Allgemeinen jedoch wird mit diesem Begriff nur die jährliche Kriminalitätsstatistik des Bundeskriminalamtes verbunden.

1.1 weitere Definitionen (s. a. Abb. 1)

Bei der kriminologischen Forschung unterscheidet man zwischen drei Erscheinungsformen von Kriminalität. Die erste Erscheinungsform ist die *Hellfeldkriminalität*. Bei dieser Kriminalitätsform erfolgt eine Reaktion der Strafverfolgung. Somit befindet sich diese Art der Kriminalität im sogenannten Hellfeld. Dennoch können auch Delikte im Hellfeld - wenn kein Tatverdächtiger gefunden wird - ungeklärt bleiben. Die Aufklärungsquote bei Tötungsdelikten liegt beispielsweise bei 90%, bei Einbruchsdiebstahl jedoch nur bei 20%.

Als zweite Feldbeschreibung ist die *Graufeldkriminalität* zu nennen. In diesem Feld wird ebenfalls auf kriminelles Verhalten reagiert, jedoch nicht seitens der Justiz, sondern durch andere, meist staatliche Stellen. Diese reagieren und sanktionieren kriminelles Verhalten, wie z. B. Delikte im Schulkontext, nach eigenen Regeln selbst.

Der letzte und gleichzeitig undurchsichtigste Kriminalitätsbereich ist die *Dunkelfeldkriminalität*. Das in diesem stattfindende kriminelle Verhalten wird von den Strafverfolgungsbehörden nicht zur Kenntnis genommen und kann deswegen auch nicht verfolgt werden. Weder die Polizei noch die Staatsanwaltschaft erhalten Kenntnis von Fällen aus dem Grau- oder dem Dunkelfeld. Folglich tauchen die Fälle der genannten Felder in keiner offiziellen (Kriminal)Statistik auf.

2. Offizielle (jährliche) Statistiken

Von der begangenen Straftat bis zu einer Einstellung der Ermittlung, einem Freispruch oder einer Verurteilung ist ein langer Weg. Je nach dem, welche Stufe der angezeigte Vorfall erreicht bzw. welche Behörde in bearbeitet, fällt er – sofern aus der Tat durch Anzeige überhaupt ein offizielles Delikt wird - aus einer Statistik heraus, um in Einzelfällen in einer anderen wieder aufzutauchen. Werden die drei wichtigsten Kriminalstatistiken in eine numerische Rangfolge gebracht, ist zu bemerken, dass mit steigendem Rang die Zahl der Fälle sinkt. D. h. zwischen den Fallzahlen der polizeilichen Kriminalstatistik und der rangmäßig folgenden Strafverfolgungsstatistik (StVStat) besteht eine relativ hohe Diskrepanz. Anders ausgedrückt tauchen von den in der PKS erfassten Daten nur wenige in der StVStat auf. Ein Erklärungsansatz für diesen Umstand ist das (auch) von Kerner verwendete *Trichtermodell* (s. Abb. 2). Ausgehend von den erhobenen Zahlen an gemeldeten Straftaten erfolgt eine trichtergleiche Reduktion der statistischen Fälle auf eine weit aus geringere Anzahl. Kury fasst diesen Prozess mit dem Zitat von Kaiser zusammen: „... dass nicht alle Straftaten entdeckt werden, von den entdeckten nicht alle angezeigt und von diesen nicht alle abgeurteilt werden..." (Kury, 2001, S. 77). Dieser Trichter lässt sich anhand der verschiedenen (Kriminal)Statistiken aufzeigen.

Bekannteste und wichtigste Statistik ist die oben erwähnte Polizeiliche Kriminalitätsstatistik (PKS). Sie zählt grundsätzlich alle der Polizei bekannt gewordenen Straftaten und ermittelte Tatverdächtige (vgl. Schwind, 2002). In den Vorbemerkungen des Bundesinnenministeriums zur PKS heißt es: „Die PKS erfasst nur die der Polizei bekannt gewordenen und durch sie *endbearbeiteten*[1] Straftaten, einschließlich der mit Strafe bedrohten Versuche und der vom Zoll bearbeiteten Rauschgiftdelikte. Nicht enthalten sind Staatsschutzdelikte, Verkehrsdelikte (mit Ausnahme der Verstöße gegen §§ 315,

---

1 Endbearbeitet heißt in diesem Verständnis, dass die Erfassung erst bei Abgabe des Vorgangs an die Staatsanwaltschaft erfolgt.

315b StGB und § 22a StVG), Straftaten, die außerhalb der Bundesrepublik Deutschland begangen wurden, und Verstöße gegen strafrechtliche Landesgesetze, mit Ausnahme der einschlägigen Vorschriften in den Landesdatenschutzgesetzen" (BIM, 2002). Die PKS enthält insbesondere Angaben über Art und Zahl der erfassten [endbearbeiteten] Straftaten, Tatort und Tatzeit, Opfer und Schäden, Aufklärungsergebnisse sowie Alter, Geschlecht, Nationalität und andere Merkmale der Tatverdächtigen (BIM, 2002). Die vom BKA erhobenen Daten dienen seit 1953 der Beobachtung von Kriminalität und gelten als Basis für Aussagen über Zu- oder Abnahme von Straftaten bzw. der Kriminalität. Wichtig zu bemerken ist, dass die PKS keine Aussage über den weiteren Verlauf der von ihr erfassten Fälle trifft. Ob diese seitens der Staatsanwaltschaft weiterverfolgt oder das Ermittlungsverfahren eingestellt wurden, geht aus dieser Statistik nicht hervor.

Dies lässt sich eingeschränkt aus der Strafverfolgungsstatistik (StVStat) – dem Tätigkeitsbericht der Gerichte - ablesen, ... *die sich auf die von den Gerichten abgeurteilten[2] Tatverdächtigen bezieht* (Schwind, 2002, im Original nicht kursiv) und vom Statistischen Bundesamt seit 1950 herausgegeben wird. Durch die Polizei weitergereichte und von der Staatsanwaltschaft eingestellte Ermittlungsverfahren tauchen in der StVStat nicht auf. Eine gesicherte Aussage aus welchen Gründen Tatverdächtige während des Übergangs von der PKS in die StVStat lassen sich auch durch einen Vergleich der beiden Statistiken nicht treffen.

Als dritte Stufe des Trichters gilt die Strafvollzugsstatistik (StVolzSt). *Der jährliche Nachweis über Zahl und Art der Justizvollzugs- und Verwahrungsanstalten sowie über deren Belegungsfähigkeit und ihre tats. Belegung.* (Schwind, 2002, im Original nicht kursiv). Die StVolzSt wird seit 1961 vom Statistischen Bundesamt herausgegeben. Auch diese Zahlen berücksichtigen nur einen kleinen Ausschnitt der tatsächlichen, von den Gerichten verurteilten Tatverdächtigen. So treten Tatverdächtige, die auf Bewährung, zu einer Geldstrafe oder ähnlichen Strafen, welch nicht zu einer Inhaftierung führen, verurteilt wurden, nicht in der StVolzSt auf.

Fälle, die zu einer Bewährungsstrafe verurteilt wurden, finden sich – sofern die Straftäter einem hauptamtlichen Bewährungshelfer unterstellt werden – in der Bewährungshilfestatistik (BewHSt) wieder. Selbige zählt vor allem die hauptamtlichen Bewährungshelfer und die ihnen übertragenen Unterstellungen. Wie auch die beiden vorhergehenden Statistiken wird auch die BewHSt vom Statistischen Bundesamt herausgegeben.

---

[2] Als abgeurteilt gelten Verurteilungen und Freisprüche gleichermaßen.

Über die drei beschriebenen hinaus werden noch weitere Statistiken erhoben. Diese werden aber im Verlauf der Arbeit nicht näher erörtert, sondern nur aus Gründen der Vollständigkeit aufgezählt. Basis dieser einordnenden Beurteilung ist die Aussage, das sowohl die Staatsanwaltschaftsstatistik (StASt) als auch die Justizgeschäftsstatistik der Strafgerichte (StP/OWI-Stat) „... verfahrensbezogen und nicht nach Delikten oder Tätergruppen gegliedert [sind] und (...) folglich für die Beurteilung der Kriminalitätslage grundsätzlich wenig her[geben]"(Schwind, 2002).

3. Wozu Kriminalstatistiken - Aussagekraft der Statistiken

Die Frage, wozu (Kriminal)Statistiken Dienen gibt es verschiedenen Antworten. Die Antwort, was sie kann bzw. nicht kann, erfolgt zu einem späteren Zeitpunkt. Die jährlich veröffentlichten Statistiken dienen in erster Linie als Tätigkeits- bzw. Leistungsnachweis der einzelnen, sie erhebenden Behörden. D. h., in ihnen werden alle von der Behörde bearbeiteten Fälle erfasst und quantitativ Dokumentiert. Als weitere Funktion die Daten Aufschluss über Registrier-, Definitions-, und Ausfilterungs-Prozesse in den einzelnen Abschnitten der Strafverfahren geben. Dieses erfüllen sie jedoch nur bedingt. So können lediglich die Daten der einzelnen Datenwerke miteinander verglichen werden. Warum die Tatverdächtigenzahlen sich unterscheiden und wohin die Fälle im Einzelnen „verschwunden" sind geht aus diesem Zahlenabgleich nicht hervor.

Eine der wichtigsten Funktion, welche den (Kriminal)Statistiken zugedacht wurde, ist die Beobachtung der Kriminalität. Dass sie gerade dafür wenig geeignet ist, wird sich im weiteren Verlauf der Arbeit herauskristallisieren. Aufgrund der jährlichen Zahlen - speziell aufgrund der in der PKS erfassten Fälle - werden Aussagen getroffen, wie es um die Kriminalität in Deutschland bestellt ist. So werden Schlüsse über Ab- oder zunahmen von Kriminalität aufgrund der statistisch erfassten Fällen gezogen, politische und strukturelle Zustandsbeschreibungen bzw. –Analysen verfasst. Durch die (Kriminal)Statistiken sollen damit Veränderungen (Zu-/Abnahme von Kriminalität) messbar gemacht werden. Diese dienen dann allgemein ausgedrückt der Erlangung von Erkenntnissen über die Kriminalitätswirklichkeit und somit als Grundlage für Maßnahmen zur Kriminalitätsbekämpfung bzw. Prävention. Sie sind die Basis für kriminalpolitische Entscheidungen. Nach der Formulierung der Bedeutungen und zugedachten Aufgaben, die den (Kriminal)Statistiken seitens der Behörden sowie der Politik zugedacht werden, ist es nun an der Zeit zu verdeutlichen, welche davon wie eingehalten werden bzw. was sie nicht können und wo ihre Defizite und Schwächen sind. Grundsätzlich ist davon auszugehen, dass die Statistiken nur den Ausschnitt der „registrierten" Kriminalität, der „erledigten" Verfahren und der „registrierten" Personen zeigen. Mit dieser These zeigt sich auch schon das größte Defizit der Statistiken und damit die größte Schwäche ihrer Aussagekraft. Die Reduzierung der Daten auf die „registrierte Kriminalität" lässt den gesamten Bereich der begangenen Straftaten, welche nicht angezeigt werden, im Dunkeln. Über das sich dadurch bildende Dunkelfeld lassen sich nur Schätzungen und keine in irgendeiner Form gesicherten Daten oder Aussagen machen. Es wird also festgehalten, dass (Kriminal)Statistiken nicht zur Erfassung und Erforschung der Kriminalität im Dunkelfeld taugen und sie damit keine alleinige Basis für ein vollständiges Bild der Kriminalität zeichnen können. Ihre Aussagekraft muss also sehr eingeschränkt und differenziert betrachtet werden. Über die strukturellen bzw. mit der Erhebung sowie mit den Erhebungsmethoden verbundenen Schwächen schränkt eine Vielzahl an Fehlern, Selektionsmechanismen und –Prozessen die Qualität der Daten noch weiter ein.

3.1 Fehlerhafte Datenerfassung

Eine große Fehlerquelle der Erhebung bilden die Behörden. So kommt es zu einer Manipulationen indem sich mehrere Dienststellen „Erfolge" zuschreiben. Diese Tatverdächtigen tauchen so in mehreren Statistiken als einzelne Fälle auf und spiegeln eine höhere Kriminalität bzw. eine überhöhte Aufklärungsquote wieder. Ein weiterer manipulativer Eingriff in ist, dass Anzeigeversuche wegen mangelnder Strafwürdigkeit abgewiesen werden und dadurch niemals in einer Datenerhebung erscheinen. Hierfür verantwortlich sind verschiedene Selektionsmechanismen auf behördlicher Ebene - insbesondere bei der Polizei (s. Kapitel 3.3). Zur fehlerhaften Datenerfassung zählt auch der Irrtum: Durch eine Veränderung der Aufzeichnungsvorschriften oder falsche Aufzeichnungen und Aussparungen werden Daten falsch, gar nicht oder anders in die Statistik aufgenommen, wodurch es ebenfalls zu einer Verzerrung der Erhebung kommt. In die Kategorie „Verfälschte Datenverarbeitung" fallen Mehrfachzählungen von Serien- bzw. Mehrfachtätern. In diesem Fall kommt es vor, dass mehrere Straftaten, welche aber von einem Tatverdächtigen begangen wurden, als einzelne Fälle gewertet werden. Eine Zuordnung von verschiedenen Straftaten zu einem Tatverdächtigen lässt sich mit den aufgezeichneten Daten nicht tätigen, da die Daten nicht abgeglichen werden (können). Eine erhöhte Tatverdächtigenzahl ist die Folge dieses Mankos. Die letzte Grenze der Erfassbarkeit ist gesetzlich StGB §52 Abs. I verankert: In Deutschland zählt juristisch nur das schwerste Delikt. Wenn ein Täter eine Straftat in Tateinheit mit weiteren Straftaten begangen hat, wird bei der juristischen Bewertung nur die „schwerste Strafe" berücksichtigt. Durch diese gesetzlichbegründete Handhabung fallen begangene Straftaten aus der Statistik heraus und senken verzerren so das Bild über die Kriminalitätshöhe nach unten. Insgesamt betrachtet muss eine Einschränkung der Aussagekraft der erhobenen Zahlen, aufgrund der fehlerhaften Datenerfassung vorgenommen werden. Eine weit größere Bedeutung für die eingeschränkte Aussagekraft von (Kriminal)Statistiken ist aber den im nächsten Kapitelunterpunkt abgehandelten Selektionsprozessen zugedacht (vgl. Kury, 2001).**3.2. Selektionsprozesse**

Wer sich aufgrund der PKS ein Bild von der Kriminalität in Deutschland machen will, sollte ihre Aussagekraft einschätzen und einordnen können. Als gesichert gilt, dass die PKS nur das Hellfeld der Kriminalität wiederspiegelt. Aber auch davon nur einen Ausschnitt.

Grundsätzlich kommen die wenigsten strafbaren Handlungen überhaupt zur Anzeige. Das Verhältnis der angezeigten Straftaten zu den nicht-angezeigten befindet sich je nach Delikt zwischen 1:3 oder 1:100. Im ersten Fall hieße das auf eine angezeigte Straftat kommen drei nicht-angezeigte. Letztere bleiben im sogenannten *Dunkelfeld*. Die wenigen angezeigten Fälle werden durch nachfolgende, weitere Selektionsstufen so reduziert, dass schließlich allenfalls nur noch ca. 1% aller strafbaren Vorfälle eine Verurteilung zu einer Freiheitsstrafe nach sich zieht. In der Theorie wird der Selektionsprozess in drei Stufen unterteilt, auf welchen verschiedene Einflüsse und (Labeling) Effekte wirksam werden.

3.2.1. Erste Stufe: Bürger (informelle Sozialkontrolle)

Wie eingangs schon dargestellt, kommen bei weitem nicht alle Straftaten bzw. Delikte zur Anzeige und tauchen daher auch in keiner der behördlichen Statistiken auf. Für die Diskrepanz zwischen tatsächlich begangenen Straftaten und den letztlich angezeigten ist die Bevölkerung bzw. der Bürger mitverantwortlich. Er hat es in der Hand, ob er eine bemerkte oder beobachtete Straftat bei der Polizei zur Anzeige bringt oder nicht. Abhängig von der Internalisierung der Werte und Normen sowie von der damit einhergehenden empfundenen moralischen und sozialen Verantwortung, entscheiden verschiedenen Personen in ähnlichen Fällen anders bzw. bringen manche eine Tat zur Anzeige und manche nicht. Über die intrapersonellen Entscheidungen und Beweggründe hinaus hängt die Wahrscheinlichkeit einer Strafanzeige aber auch von äußeren Bedingungen ab.

Die Sichtbarkeit von Delikten ist ein entscheidender Einflussfaktor, welcher bestimmt, ob eine kriminelle Handlung zur Anzeige kommt oder nicht. Je nachdem, wie „offen" eine Straftat verübt wird, bzw. wo, wie und wann sie ausgeführt wird und um welche Tat es sich dabei handelt, hat sie unterschiedliche Chancen entdeckt und angezeigt zu werden. Es ist folglich davon auszugehen, dass verschiedenen Formen abweichenden Verhaltens in puncto Sichtbarkeit „benachteiligt" sind. Darunter lassen sich (rechtlich) einfache Delikte wie beispielsweise Diebstahl oder Gewalt subsumieren. Diese Arten von Straftaten sind gegenüber schwerer bemerk- und abgrenzbaren Delikten, wie Betrug, Wirtschafts- oder Umweltdelikten, leicht als solche zu identifizieren. Erschwerend kommt noch hinzu, dass sich die gut sichtbaren Delikte, wie Diebstahlsdelikte, Gewaltdelikte oder Raubdelikte, zu einem großen Teil im öffentlichen Raum ereignen. Dies lässt den Schluss zu, dass diese Kriminalitätsformen öfters zur Anzeige kommen und damit in der PKS gehäufter auftreten (vgl. Kury, 2001).

Im Vorteil sind dagegen Delikte, welche in eher geschlossenen sozialen Räumen begangen werden. Sie laufen in der Regel weniger Gefahr entdeckt bzw. angezeigt zu werden, als die „öffentlichen Verbrechen". Hier wäre beispielhaft die Kriminalität in Unternehmen oder (Gewalt) in der Familien zu nennen. Ihr Vorteil ist, dass sie von Außenstehenden schlecht(er) bis gar nicht zu beobachten und zu bemerken sind, da die verschiedenen Räume zusätzliche erschwerende Bedingungen schaffen. Ein normaler Bürger kann eine Unterschlagung kaum entdecken. Er hat weder den Zugang zu den „Beweismaterialien", noch die Fachkenntnisse eine derartige Straftat aufzudecken und die Polizei darüber in Kenntnis zu setzen. Ähnlich schwierig ist es in eine Familie hineinzusehen und dort begangene Straftaten aufzudecken. Ähnlich schwierig verhält es sich mit illegalen Taten, die in der Regel ohne entsprechende Messapparaturen nicht oder kaum beobachten oder erfahren werden können, wie dies bei vielen Umweltstraftaten der Fall ist.

Ein weiterer Aspekt der für die Entscheidung, ob ein Vergehen bemerkt und dann auch angezeigt wird, ist abhängig von der Person, welche die Tat begeht. Dies ist damit begründbar, dass Personen, die dem Bild eines „Kriminellen" nach Meinung anderer Personen eher entsprechen und sich zudem in einem für Kriminelle passendem Umfeld bewegen oder Milieu aufhalten, eine kriminelle Tat eher zugeschrieben bzw. erwartet wird. Das Bild vom „echten Kriminellen" ist gegeben, „man" traut der verdächtigten Person zu und scheut sich nicht das Vergehen zur Anzeige zu bringen. Die dabei stattfindenden Labelingprozesse (labeling approach) haben eine Benachteiligung der „unteren sozialen Schichten" zur Folge. Angehörige dieser Bevölkerungsgruppe werden genauer kontrolliert, überwacht und bei einem Vergehen bereitwilliger angezeigt. Das subkulturelle Milieu entscheidend somit für Kriminalisierungsneigung und –bereitschaft. Diese spiegelt die PKS wieder. Sie weißt, beispielsweise im Bereich der Wirtschaftskriminalität und bei Diebstählen von Hotelgegenständen, weit niedrigere Zahlen aus. Im Gegensatz dazu ist die Zahl der angezeigten Ladendiebstähle sehr hoch. Die „Kriminalität der Anständigen" kommt so nachweislich seltener zur Strafanzeigen (vgl. Kury, 2001).

Das Labeling bzw. die Benachteiligung von Angehörigen einer bestimmten Bevölkerungsschicht haben noch weitere Auswirkungen auf das Anzeigeverhalten der Bürger: Sozialbenachteiligte Bevölkerungsgruppen werden leichter ausgegrenzt als Angehörige einer sozial höheren Schicht. Da das Anzeigen einer Straftat auch die Funktion der Ausgrenzung von Personen hat, ist davon auszugehen, dass Minderheiten, Ausländer, randständige Bevölkerungsgruppen etc. einem erhöhten Kriminalisierungsrisiko ausgesetzt sind. Damit lässt sich auch die hohe Repräsentanz dieser Gruppen in den Zahlen der PKS ansatzweise erklären. Insgesamt lässt sich zusammenfassen, dass die Anzeigebereitschaft auf der Stufe der informellen Sozialkontrolle ausschlaggebend für das Auftreten von Kriminalität in der PKS ist. Die Anzeigebereitschaft selbst hängt wiederum von verschiedenen Einflussfaktoren ab.

3.2.1.2. Anzeigebereitschaft/Anzeigeverhalten

Die Wichtigkeit der Anzeigebereitschaft und damit die Faktoren, von welchen diese abhängt, wird aufgrund des Umstands, das Ca. 90 Prozent aller Strafanzeigen durch Opfer oder Zeugen und nicht durch Aktivitäten der Polizei erfolgen, deutlich. D. h. ca. 90 Prozent der in der PKS gezählten Fälle bzw. Tatverdächtigen wurden seitens der Bürger angezeigt. Damit steht die wohl wichtigste Einflussgröße auf die polizeiliche Kriminalstatistik fest. Das Anzeigeverhalten auf der informellen Sozialkontrolle ist von verschiedenen Variablen abhängig. Kury nennt das Anzeigeverhalten sogar den einflussreichsten Verfälschungsfaktor bei der Aufnahme von Straftaten in die PKS (vgl. Kury, 2001).

Die erste "Verfälschung" entsteht durch die Art des Deliktes. Dahinter steckt die nachgewiesene These, dass Delikte, wie z. B. Gewalttaten oder Diebstähle, öfters angezeigt werden als andere Delikte (wie z. B. Missbrauch in der Familie oder Umweltvergehen). Über die im vorhergehenden Kapitel beschriebenen Einflüsse hinaus sind dies auch Straftaten, die bei großen Teilen der Gesellschaft auf wenig bzw. gar keine Toleranz oder Verständnis stoßen und damit unnachsichtiger angezeigt werden.

Ein in der Vergangenheit größer gewordener Steuermechanismus für die Anzeigebereitschaft von (bestimmten) Straftaten sind die Medien. So erfolgt eine mediale Sensibilisierung der Bürger indem bestimmte Straftaten, wie beispielsweise der Missbrauch von Kindern, zeitweise hochgepuscht werden. Kury spricht in diesem Zusammenhang von einer *öffentlichen Sensibilität* gegenüber Straftaten (vgl. Kury, 2001, S. 77). Durch die medienbeherrschende Präsenz dieser „Mode-Verbrechen" entsteht der (falsche) Eindruck, dass diese Form von Kriminalität stark zugenommen hätte. Derartig sensibilisiert fokussiert sich die „öffentliche Aufmerksamkeit" auf diese Kriminalitätsform und erhöhten dadurch die Zahl der angezeigten Vorkommnisse und damit die statistisch festgehaltenen Fälle. Die Gründe für das hohe Interesse der Medien an Kriminalität verwurzeln sich in:

1. der Suche nach Sensationen: auch der privaten Konkurrenz wegen

2. Sex and Crime als die verlockenden Themen

3. dem Zwang zur höheren Dosierung und Steigerung

4. der Kriminalität als steigerungsfähiges Phänomen: qualitative und quantitative Steigerung

5. der Entlastung von Herleitungszusammenhängen: der emotional ansprechende Einzelfall

6. dem Einzelfall als Skandal: Wer hat versagt?

7. der Kriminalpolitik vom Ausnahmefall aus

8. dem Zwang zu kurzen, allseits verständlichen Antworten (vgl. Boers, 1993)

Einfluss auf die Anzeigebereitschaft hat auch die Milieu- /Schichtzugehörigkeit des Tatverdächtigen. Es ist anzunehmen, dass die Bereitschaft eine vermutete Tat bei der Polizei zu melden, bei Personen mit einem "niedrigen sozialen Rang" höher ist (s. vorhergehendes Kapitel). Mit der Zugehörigkeit zu einer Bevölkerungsgruppe und zu einem Milieu ist die Nationalität des Tatverdächtigen eng verbunden. Sie ist ein weiterer Faktor, der die Anzeigebereitschaft erhöht oder mindert. Aus der PKS ist ein größerer Anteil von nicht-deutschen Tatverdächtigen abzulesen. Dieser steht in einem überproportionalen Verhältnis zum tatsächlichen Bevölkerungsanteil ausländischer Bürger. Ausländer sind somit in der PKS überrepräsentiert.

Weitere persönliche Merkmale von Tatverdächtigen, welche die Anzeigebereitschaft erhöhen oder vermindern können sind Alter und Geschlecht. Dies ist teilweise mit den im vorherigen Kapitel beschriebenen Labelingprozessen erklärbar. Jüngere Männer entsprechen dem „Täterbild" oder dem Bild vom Kriminellen eher als weibliche Personen. Ihnen wird eine Tat eher „zugeschrieben", ein Verdacht schneller zur Anzeige gebracht. Zudem werden männliche Jugendliche und junge Erwachsene einer schärferen sozialen Kontrolle ausgesetzt.

Die Höhe des Schadens, welcher bei einem Vergehen entstanden ist, nimmt ebenfalls Einfluss auf das Anzeigeverhalten von Menschen. Es besteht ein Zusammenhang zwischen der Höhe des Schadens und des Meldeaufkommens. So sind sog. „Bagatelldelikte" weniger häufig in der PKS vertreten als solche, die einen hohen materiellen, gesundheitlichen oder moralischen Schaden verursachen.

Der letzte beschriebene Regelmechanismus schlägt die Brücke zur Polizei. Eine Anzeige erfordert den Gang zur Polizei oder einer anderen, vergleichbaren Justizbehörde. Ob eine Person diesen Weg auf sich nimmt, ist abhängig von verschiedenen Faktoren. So kann beispielsweise die örtliche Erreichbarkeit, die Bequemlichkeit der anzeigenden Person, die Ausgeprägtheit der Scheu vor der Polizei, auf die Entscheidung eine Anzeige zu erstatten Einfluss nehmen. Wichtigste Einflussgröße beim Gang zu Polizei ist jedoch das Vertrauen in die Behörde und der Grad der vermuteten Erfolglosigkeit. Ist die angenommene Wahrscheinlichkeit, dass es „etwas bringt" die Straftat anzuzeigen sehr gering, erfolgt oftmals keine Anzeige. Die vermutete Erfolglosigkeit und damit das Vertrauen in die Polizei ist zu gering, als das es sich lohnt, die mit einer Strafanzeige verbundene „Mühe" auf sich zu nehmen. Die vermutete Erfolglosigkeit der Polizei ist ein Hauptgrund von Nichtanzeige (vgl. Kury, 2001, S).

Das Vertrauen zur ermittelnden Behörde ist aber auch für eine Paradoxie im Strafrecht verantwortlich: Ist die Aufklärungsquote und damit einhergehend das Vertrauen in die Rechtspflege hoch, erhöht sich die Wahrscheinlichkeit von Strafanzeigen. Die Kriminalität im Hellfeld steigt dadurch an, obwohl es faktisch keinen bzw. kaum eine Erhöhung der Kriminalität ergeben hat. Die beschriebene Stellgröße „Anzeigeverhalten" macht hier auf der stufe der informellen Sozialkontrolle ihren Einfluss deutlich.

Ein weiterer Zusammenhang zwischen Kriminalitätszahlen und Anzeigeverhalten hat versicherungswirtschaftliche Ursachen: Kommt es beispielsweise zu einer hohen Zahl an Versicherungsabschlüssen, hat dies eine direkte Auswirkungen auf die Kriminalitätsentwicklung (im Hellfeld!). Es kann vermutet werden, dass eine hohe Anzahl an Versicherungsabschlüssen ein Indiz für ein hohes Sicherheitsbedürfnis bzw. die folge einer hohen Kriminalitätsfurcht ist. Durch diese Sehnsucht nach Sicherheit werden Menschen für Kriminalität sensibilisiert, was zur Folge hat, dass durch die (angenommene) verschärfte (informelle) Sozialkontrolle eine größere Zahl von Straftaten entdeckt und zur Anzeige gebracht werden. Dies wirkt sich unter umständen wiederum durch Preissteigerung bei Abschlüssen (Diebstahlsquote, beste Werbung für Kfz) vorteilhaft auf Wirtschaft aus (vgl. Kury, 2001).

3.2.2. Zweite Stufe: Polizei (formelle Sozialkontrolle)
Die zweite Selektions-Stufe im Trichtermodell ist die Polizei bzw. die formelle Sozialkontrolle. Sie ist in Deutschland grundsätzlich an das in § 152 StPO verankerte Legalitätsprinzip gebunden und hat deshalb (de Jure) jede Strafanzeige entgegenzunehmen und zu bearbeiten. Ihr steht insoweit kein Ermessensspielraum im Bereich der Strafverfolgung zu. Dieser enge Rahmen lässt der Behörde in puncto Anzeigenannahme sowie –Bearbeitung eigentlich keine Entscheidungsfreiheit. Dennoch handelt sie keinesfalls danach (vgl. Kury, 2001, S. 77). Nicht jedes angezeigte Delikt wird von den Behörden aufgenommen bzw. registriert und nicht immer erfolgt eine Weiterleitung der Unterlagen zur Aufnahme in die PKS. Verschiedene Forschungen zeigen erhebliche Bedeutung von Strafwürdigkeitserwägungen im polizeilichen Alltag. Strafanzeigen wegen Eigentums- und Vermögensstraftaten wurden nach Untersuchungen zu weit über 90% angenommen, Delikte gegen Personen (Gewaltdelikte) dagegen nur zu 30% (vgl. Kury, 2001). Dies gilt auch bei teilweise gravierenden Formen von Gewalt in der Familie. Nur selten kommt es hier zu einer Strafanzeige durch die herbeigeholten Beamten. Diese Fälle werden häufiger als Privatangelegenheiten gedeutet, wodurch sie als ein Privat-

klagedelikt (§§ 374, 376 StPO) behandelt werden. In diesem Fall erfolgt seitens der Polizeibehörde die sogenannte *kalte Einstellung*. Dies ist gerade unter dem Gesichtspunkt der sozialen Integration sowie der Durchsetzung des Gewalttabus (Bekämpfung von Gewalt gerade in unteren sozialen Schichten und Familien) sehr bedenklich. Generell gelten für die polizeiliche Arbeit die gleichen Labelingmechanismen wie auch im Bereich der informellen Sozialkontrolle, sodass untere soziale Schichten grundsätzlich einem höheren Kriminalisierungsrisiko ausgesetzt sind. Für Kury ist diese Verfahrensweise der Polizei ein wesentlicher Selektionsfaktor, welcher bei Kaiser unerwähnt bleibt (vgl. Kury, 2001).

Dies bedeutet weder, dass es eine tatsächlich höhere Belastung unterer sozialer Schichten bei einfacher zu begehenden und leichter sichtbaren Delikten gibt, noch das Gegenteil. Kriminologen vermuten deshalb, dass andere Schichten einfach nur geschickter sind und sich häufiger im sozial tolerierten Bereich bewegen (Berufskriminalität, Steuerkriminalität, Wirtschaftskriminalität usw.). Die so vorhandene strukturelle Benachteiligung von Jugendlichen und sozial Schwächeren in der polizeilichen Arbeit hat verschiedene Gründe. So begehen Jugendliche leichter sicht- und aufklärbare Delikte. Hinzu kommt noch eine höhere Geständnisbereitschaft, welche insbesondere bei jungen Menschen vorherrscht und es der Polizei ermöglicht Fälle schnell aufzuklären.

Ein weiterer Nachteil von Jungen Menschen – sofern sie einer Straftat verdächtigt werden – ist die geringere Gegenwehr und Beschwerdemacht gegenüber den Polizeibeamten. Dies liegt unter anderem an dem geringeren Selbstbewusstsein, der schlechteren Verbalisierungsfähigkeit und Eloquenz, am mangelnden Wissen über die eigenen Rechte sowie an den geringeren finanziellen Ressourcen. Diese strukturellen und altersabhängigen Nachteile machen Jugendliche zu einer „leichten Beute" für die Polizei (vgl. Kury, 2001).

Der „schlechteren Position" von jugendlichen vor der Justiz stehen zusätzlich „mächtige Akteure" mit einer weit höheren Beschwerdemacht gegenüber, die eine Strafanzeige bei der Polizei (und nachfolgender staatsanwaltlichen Ermittlungsarbeit) auch in Bagatellfällen erzwingen können. Hier sind z. B. Kaufhäuser oder Versandhäuser zu nennen. Wenn also Jugendliche bei Ladendiebstählen in der PKS sehr stark überrepräsentiert sind, liegt das zu einem hohen Anteil auch an der intensiven Verfolgung der von Jugendlichen begangenen Ladendiebstählen seitens der Kaufhäuser. Letztere versuchen auf diese Weise die besonderen Risiken ihrer Geschäftspraktiken auf die Gesellschaft abzuwälzen.

Im Bereich der "Kontrolldelikte", z. B.: Umweltstraftaten, Drogendelikte, organisierte Kriminalität, Straßenverkehrskriminalität, spielt die informelle Sozialkontrolle eine geringere Rolle. Hier sind lediglich die Kontrollaktivitäten der Polizei entscheidend für die

Kriminalitätsentwicklung. Vielmehr ist in diesem bereich die Schwerpunktsetzung der Polizei für eine Aufhellung des Dunkelfelds bedeutsam. Ja nach dem die Prioritäten gesetzt werden, fallen die Zahlen der PKS in diesem Bereich höher oder niedriger aus.

3.2.3. Dritte Stufe: Justiz (formelle Sozialkontrolle)

Die dritte Selektionsstufe des Trichters bildet die Justiz. Sie behandelt die Fälle, welche die ersten beiden Stufen passiert haben. D. h., die bereits zweimal einer Selektion unterzogenen Fälle erfahren eine weitere „Bereinigung". Die sich schon an der formellen Sozialkontrolle durch die Justiz abzeichnende *Entdramatisierung* des Kriminalitätsbildes setzt sich hier weiter fort. Vergleicht man das Kriminalitätsbild der Polizeilichen Kriminalstatistik (PKS) mit dem der Strafverfolgungsstatistik (StVStat), so zeigt sich eine bemerkenswerte Entdramatisierung. Es kommt zwischen beiden Statistiken zu einem „Zahlenschwund", der sich in der Betrachtung trichterähnlich veranschaulichen lässt. Studien zur Ursachenforschung belegen, dass die Polizei bei ihrer strafrechtlichen Definition - besonders bei Raub und Vergewaltigung - zu einer Überbewertung des strafrechtlichen Gehalts der angezeigten Vorfälle neigt. Diese Überbewertung wird durch die Justiz oftmals zurückgenommen und erhält eine realistischere bzw. eine dem Delikt entsprechende Bewertung und Einordnung. Einer dieser anderen Gründe liegt darin, dass die Polizei mit ihrer nichtjuristischen Ausbildung die Delikte teilweise anders bewertet als es im weiteren Verfahren seitens der Staatsanwaltschaft geschieht. Hieraus folgt auch, dass die Kennzahlen für die einzelnen Delikte aus diesen beiden Statistiken nicht direkt miteinander verglichen werden können. So kategorisiert die Polizei z. B. eine Tat als Mord, welche im weiteren Verlauf durch die Staatsanwaltschaft zu einem Totschlag umgewandelt wird. Dies lässt den Schluss zu, dass die in der PKS ausgewiesenen, deliktspezifischen Zahlen eher zu hoch sind, wodurch wiederum einer Verzerrung der Statistik nach oben erfolgt. Zusammenfassend wird im Vergleich zwischen polizeilicher und justizieller Definition wird z. B. häufig eine versuchte Tötung zur gefährlichen Körperverletzung, eine versuchte Tötung zur Körperverletzung mit Todesfolge oder eine vorsätzliche Tötung zur fahrlässigen Tötung umdefiniert (vgl. Schwind, 2002). Die Korrektur der polizeilichen Einschätzung und damit die Entscheidung ob es zu einer Weiterverfolgung (Verfahrenseröffnung) kommt oder nicht (Verfahrenseinstellung) obliegt a) der Staatsanwaltschaft und b) den Gerichten.

a) Staatsanwaltschaft

Das Ideal der StPO sieht die Staatsanwaltschaft als „Herrin" des Ermittlungsverfahrens an. In der Realität ist dies, aufgrund ihrer wesentlich größeren sachlichen wie personellen Ressourcen, die Polizei. Die Staatsanwaltschaft hat bei „normaler Kriminalität" tatsächlich allenfalls Kontrollfunktionen.[3] Die Polizei präformiert somit die endgültige juristische Einordnung und Bearbeitung, was sich insbesondere unter dem Gesichtspunkt der demokratischen Gewaltenteilung als nicht unproblematisch gestaltet. Allgemein besteht die tatsächliche Arbeit der Staatsanwaltschaft im routinemäßigen Einstellen von *Unbekanntsachen*, Erhebung der Anklage und in seltenen Fällen aus eigenen Nachermittlungen. Letztere dienen überwiegend der Absicherung der Fakten.

Grundsätzlich kann die Hypothese aufgestellt werden, dass lediglich der kleinste Teil der Strafanzeigen (ca. 15 %) tatsächlich zur Anklage vor Gericht kommt. Über 20% werden schon im Vorfeld nach §§ 153, 153a gestoppt. Die Regelung der „Nichtverfolgung von Bagatellsachen und deren vorläufige Einstellung" eröffnet sowohl im Ermittlungsverfahren als auch im Hauptverfahren verschiedenen Möglichkeiten das Verfahren einzustellen. Nicht alle dieser Einstellmöglichkeiten sind in der Realität unumstritten. Problematisch und lange in der Diskussion war z. B. die Einstellungsmöglichkeit nach § 153a StPO, weil diese der Staatsanwaltschaft, durch die Auferlegung von Auflagen (Schadenswiedergutmachung, Zahlung eines Geldbetrags, gemeinnützige Leistungen, Unterhaltszahlungen, etc.), quasi richterliche (Sanktions-) Kompetenzen zubilligt (vgl. Schwind, 2002). Die Kritik bezog sich hierbei auf die erhöhten Chancen für „höhere Schichten", eine Anklage durch Geldzahlungen abzuwenden. Dies ging als *Freikaufverfahren* in die Kritik ein. Diese Gefahr wird durch die - insbesondere in Wirtschafts- und Umweltstrafverfahren übliche - *Praxis der Absprachen* zwischen Beschuldigten/Angeklagten und StA (und ggf. Gericht) erhöht. Diese, nach der StPO an sich nicht zulässige Verfahrensweise, stellt in der Realität ein wichtiges Instrument dar eine außergerichtliche Einigung herbeizuführen. Gründe für die Einführung dieser strafprozessualen Einstellungsmöglichkeiten sowie der (informellen) Absprachen liegen in der Überlastung der Justiz und der ihr auferlegten Konzentration auf schwerere Rechtsgutverletzungen (vgl. Kury, 2001). Das beschriebene Verfahren der außergerichtlichen Einigung bzw. die Einstellung der Verfahren hat zur Folge, dass sie nicht in der StVStat auftauchen. Die wenigen Fälle, welche an die Gerichte weiterverwiesen werden, ereilt auf dieser Ebene noch einmal eine zahlenmäßig Dezimierung.

b) Gericht

Fälle, welche die Hürden „Bürger, Polizei und Staatsanwaltschaft" genommen haben, werden dem Gericht überstellt. Dieses prüft in einem Zwischenverfahren (§§ 199ff. StPO) die Anklageschrift und überprüft, ob die Anklage einen hinreichenden Tatverdacht enthält (§ 203 StPO). Das Hauptverfahren wird durch einen Eröffnungsbeschluss des Gerichts (§§ 203, 207 StPO) eingeleitet. Hier fallen trotz der geringen Einstellungsquote im Hauptverfahren noch ca. 17% der Tatverdächtigen aus der Statistik und

---

[3] Eine Ausnahme gilt jedoch insb. bei Wirtschaftsstrafsachen.

tauchen auch nicht in der StVolzSt auf. Ca. Weitere 3% der vom Gericht verhandeln-
den Fälle enden mit einem Freispruch. Auch sie tauchen später in keiner (Kriminal)Statistik mehr auf. Zu einer Verurteilung kommt es nur noch in 80% der Anklagen.
Sie enden mit einer Verurteilung. In reinen Zahlen betrachtet steht die Zahl der verurteilten in kaum einem Verhältnis mehr zu den Anfangszahlen der PKS. Dies beruht auf
den vorhergehenden Selektionsmechanismen von Polizei und (insbesondere der)
Staatsanwaltschaft. Es kann also angenommen werden, dass die geringe Zahl der
Verurteilten eine notwendige Folge vorhergegangener sorgfältiger Auswahl und keine
Folge der Voreingenommenheit der Gerichte ist. Trotzdem setzen sich labeling Me-
chanismen auch auf der Stufe der Gerichte fort.

4. Dunkelfeldforschung

Der Grundhypothese, dass nicht alle Delikte die begangen werden, auch offiziell als
Delikte registriert werden folgend, muss das eingangs (Kapitel 1.1) definierte *Dunkelfeld* näher beleuchtet werden. Unter der Annahme, dass den betroffenen Opfern oftmals nicht bewusst ist, dass sie Opfer wurden, oder aber, dass die „Sache" auf privater
sozialer Basis geregelt wird, ohne dass offizielle Stellen sich damit befassen, ist das
Dunkelfeld für ein Bild der Kriminalität von besonderer Wichtigkeit. Wie bereits erwähnt
umfasst alle Delikte die begangen wurden, das Hellfeld nur jene Delikte, die auch zu-
mindest polizeilich gemeldet wurden. *Unter dem Dunkelfeld wird* [also] *die Summe je-
ner Delikte verstanden, die der Strafverfolgungsbehörde (Polizei und Justiz) nicht bekannt werden und deshalb in der PKS gar nicht erst* auftauchen (Schwind, 2002, S. 28,
im Original nicht kursiv) Aus diesem Grund kann über das Dunkelfeld keine auf die
offiziellen Kriminalstatistiken basierende Aussage getroffen werden. Die Erforschung
der „Dunkelziffern" muss also auf einem anderen, schwierigeren Weg erfolgen.

4.1 Wie erlangt man Kenntnisse zum Dunkelfeld?
Der Vorteil, den die statistischen Dokumentationen der Behörden in puncto Erhe-
bungsverfahren und Gültigkeit der Daten haben, teilen Erhebungen im Dunkelfeld
nicht. Die Daten müssen auf anderen Wegen erhoben bzw. erfasst werden und sind
nicht einfach zu verifizieren. Im Vergleich zu den offiziellen Zahlen ist es noch schwieriger die Validität der Ergebnisse der Dunkelforschung zu bewerten, da die Ergebnisse
nur eine Selbstbeurteilung bzw. „Selbstauskunft" sind und nicht von einer unabhängi-
gen Institution oder Person erhobene Daten. Generell gibt es zwei Verfahrensweisen,
Licht ins Dunkelfeld zu bringen. Diese sind:

anonyme Umfragen, wie z. B. die *Täterbefragung*. Nachteil dieser Erhebungsmethode
ist der Wahrheitsgehalt der Aussagen. Das Problem der Forscher ist, dass sie wahr-
heitsgemäße Angaben nur bei „leichteren" Delikten, die auch keiner Tabuisierung un-

terliegen, erhalten. Die befragten Personen geben nur bis zu einer gewissen Schwelle Auskunft. Taten wie sexuelle Nötigung, Vergewaltigung oder Kindesmissbrauch werden selbst bei anonymen Befragungen höchst selten zugegeben. Dem entgegen stehen Straftaten, die beispielsweise einem helden- oder ehrenhaften Mythos unterliegen bzw. als „positiv" empfunden werden. Derartige Vergehen werden weit häufiger angegeben oder sogar erfunden. Ein weiteres Defizit der methodischen Erhebung im Dunkelfeld ist die Erinnerungsfähigkeit der Täter. Diese ist nicht immer gegeben bzw. lässt die Straftaten im Laufe der Zeit anders erscheinen als sie in Wirklichkeit waren. Während manche Täter zu einer übertriebenen Darstellung neigen, bagatellisieren andere die Tat im Nachhinein. Je älter und je krimineller der Täter ist, desto schwieriger wird es, bei einer Befragung die Wahrheit zu erfahren oder herauszufinden. In der Folge tauchen ältere Täter vergleichbar seltener in den Dunkelfelderhebungen auf als jüngere. Als letzte Schwierigkeit der Erhebung durch Täterbefragungen ist die rechtliche Zuordnung des Deliktes. Es gestaltet sich schwierig ein Geschehen ohne Strafverfolgung einer bestimmten Kriminalitätskategorie zuzuordnen (vgl. Kerner, 1993).

Eine weitere Methode der Dunkelfeldforschung sind die *Opferbefragungen*. Sie sind für die Erforschung des Dunkelfeldes von großer Bedeutung. Doch auch diese Herangehensweise hat Defizite. So wissen viele Opfer oft nicht, dass sie Opfer geworden sind, und/oder wissen nichts über den Täter. Zudem neigen die Opfer, wie auch die Täter, dazu, ihre persönlichen Empfindungen (Kriminalitätsfurcht, Ängste, u. v. m.), Wertungen, Zuschreibungen, Definitionen etc. in die Befragung einzubringen. Auch hier können Unter- sowie Übertreibungen die Ergebnisse und damit das Bild von der Kriminalität zu verzerren (vgl. Kerner, 1993)..

4.2 Wieso ist es überhaupt von Interesse das Dunkelfeld zu erhellen?

Die Frage worin das Interesse der Dunkelfeldforschung liegt, kann aus verschiedenen Perspektiven beantwortet werden. Zum Einen dienen die Erkenntnisse aus dem Dunkelfeld dazu, Präventionsmaßnahmen zu entwickeln und anwenden zu können. Die Hauptfunktion liegt jedoch darin, einen wichtigen Hinweis auf die tatsächlich vorhandene Kriminalität zu bekommen. Auch wenn sich die Kriminalität im Dunkelfeld nicht exakt quantifizieren lässt, lassen die dort durchgeführten Untersuchungen eine Tendenz erkennen wie das Verhältnis zwischen Hell- und Dunkelfeld beschrieben werden kann. Schwind fand bei seinen Untersuchungen heraus, dass z. B. nur ein Achtel aller Diebstahldelikte bei der Polizei zur Anzeige kommt. Bei vorsätzlicher Körperverletzung ist das von Schwind festgestellte Verhältnis ebenfalls 1:8 und bei Sachbeschädigung sogar 1:30 (vgl. Schwind, 2002). Damit werden durch die Sichtung des Dunkelfeldes zwei kriminalpolitisch wichtige Fragen geklärt, die sich auf zwei unterschiedliche Theorien berufen. Dies ist zum einen die Gleichverteilungstheorie, deren Haupthypothese von einer Gleichverteilung der Kriminalität zwischen den Schichten ausgeht. Mithilfe der Dunkelfeldforschung kann geklärt werden, ob es einen tatsächlichen Kriminalitäts-Unterschied zwischen den Schichten gibt oder die Unterschiede aufgrund von Labelingprozessen, stärkerer Sozialkontrolle der Unterschichten o. ä. entstanden sind. Hier greift auch der zweite Ansatz: Die Reaktionstheorie/Hypothese geht davon aus, dass bei der Verfolgung von kriminellem Verhalten nach schichtspezifischen Kriterien und zulasten der sozial niederen Schichten ausgewählt wird. Begünstigte sind dabei die sozial höheren Schichten, da sie bzw. die von ihren Mitgliedern begangenen Straftaten einer geringeren Gefahr der Strafverfolgung ausgesetzt sind (z. B. Steuerhinterziehung).

5. Zusammenfassung, Ergebnis und Einordnung

Am Ende dieser Arbeit steht fest, dass das Bild von Kriminalität, welches von den Kriminalstatistiken gezeichnet wird keine annähernd vollständige Darstellung der Realität sein kann. Selbst die Ergänzung der Daten aus den (Kriminal)Statistiken mit den Ergebnissen der Dunkelfeldforschung kann dies nicht leisten. Während die PKS ein überzogen *dramatischeres* Bild zeichnet, *entdramatisieren* die folgenden Statistiken die Kriminalitätsrealität zu stark. Verschiedene Selektionsmechanismen und –Prozesse beeinflussen die Daten zu sehr und machen sie zu manipulationsanfälligen und wenig zuverlässigen Variablen der Kriminalitätsrealität. Besonders die PKS wird gerne seitens der Politik und der Behörden in ihrer Aussagekraft wissentlich- und unwissentlich überschätzt. Den Daten wird eine größere Validität unterstellt, als es tatsächlich der Fall ist. Mit den Zahlen der PKS werden Kriminalitätsängste geschürt oder besänftigt, auf Veränderungen (Zu- und Abnahme) der Kriminalität geschlossen und Realitäten beschrieben, die es so nicht existieren. Werden alle verzerrenden und verfälschenden Strukturen, alle Schwierigkeiten der Dunkelfelsforschung berücksichtig, steht die Aussagekraft der statistischen Erhebungen – sowohl im Hell- als auch im Dunkelfeld - auf einem sehr fragwürdigen Niveau. Aber trotzdem sind diese empirischen Befunde die einzigen Grundlagen, auf deren Basis Rückschlüsse auf die Kriminalität in Deutschland getroffen werden können.

Die heute praktizierte Dokumentation von Kriminalität in Deutschland erfüllt den Anspruch auf Vollständigkeit und valide Daten nicht. Zu groß die Erklärungsdefizite und Löcher, Lücken sowie verzerrende Einflussfaktoren in der Datenerhebung. So zählt die StVStat nur die gerichtlich abgeurteilten Fälle und nicht die ihr tatsächlich überstellten Fälle, bei welchen es, beispielsweise durch eine Einstellung, niemals zu einem Gerichtsverfahren kam. Es lassen sich also keine Rückschlüsse darauf tätigen, wie viele der von den Bürgern zur Anzeige gebrachten und von der Polizei weitergeleiteten Fällen tatsächlich Straftaten waren, bzw. wie viele nicht. Dies wäre jedoch für eine Aussage über die wirkliche Kriminalität in Deutschland notwendig.

Ein weiteres großes Manko der heutigen Verfahrensweisen ist, dass sie untereinander nicht vergleichbar sind. D. h., es kann nicht eindeutig geklärt werden, wo bzw. warum die Fälle zwischen den einzelnen Stufen verschwinden. Allein schon die unterschiedlichen Definitionen und Kategorisierungen innerhalb der Daten, die Kriterien der Erhebungen (wann wird wer und warum in die Statistik aufgenommen) machen einen direkten Vergleich sowie die Verfolgung von Fällen unmöglich. Die heute praktizierte Verfahrensweise Kriminalstatistiken zu erheben müsste gegen eine Struktur ausgetauscht werden, die eine Verfolgung der Fälle über alle Instanzen erlaubt. So müssten beispielsweise nicht nur die bearbeiteten Fälle in der StVStat verzeichnet werden, sondern auch alle eingestellten Verfahren mit Einstellungsgrund berücksichtig werden. Es wäre also von Notwendigkeit, dass die Behörden die Fälle vergleichen und ihre Statistiken bereinigen würden. Dies erweist sich aber nicht nur aus Gründen des Datenschutzes schwierig. Auch müssten die Erhebungsmethode genauer und resistenter gegen Verzerrungen werden. Dass dies leichter geschrieben ist als getan wird sich an der Verfahrensweise und damit auch an der Aussagekraft der Kriminalstatistiken kurzfristig betrachtet wenig ändern.

Abbildungen

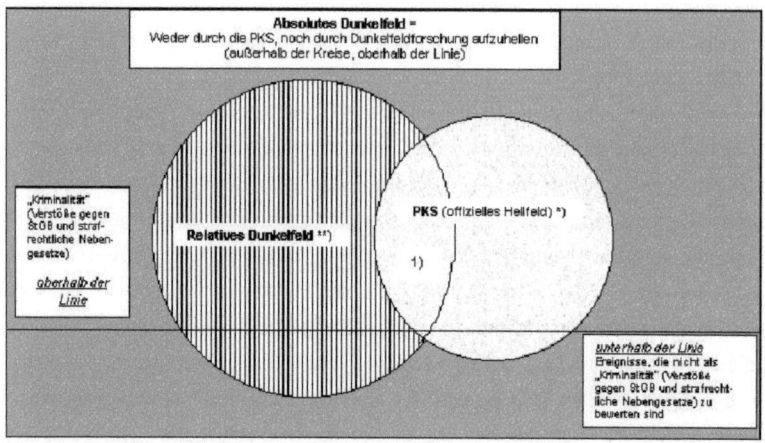

Abb. 1: Hell-/Dunkelfeld

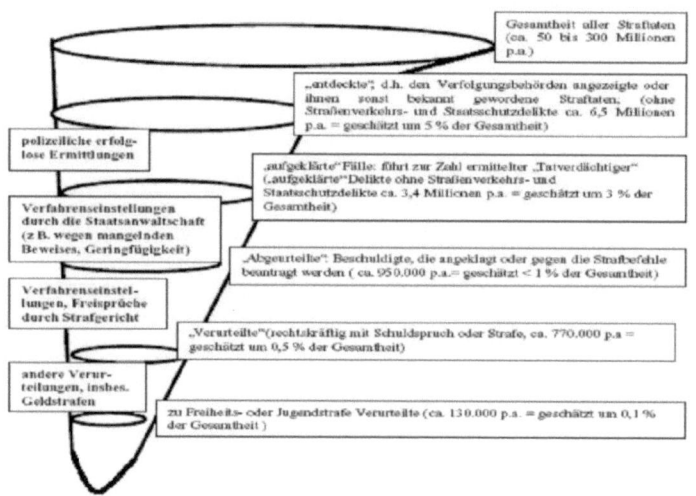

Abb. 2: Vereinfachtes Trichtermodell

Literatur

BMI (Hrsg.): Polizeiliche Kriminalstatistik 2002, Bundesministerium des Innern, Berlin 2002.

Boers, K. (1991): Kriminalitätsfurcht, Centaurus Verlag Herbholzheim.

Kerner, H.-J. (1993): Kriminalistik, in: Kaiser u.a. (Hrsg), Kleines Kriminologisches Wörterbuch, 3. Auflage, UTB.

Kury, H.(2001): Das Dunkelfeld der Kriminalität, in: Kriminalistik 2/01.

Schwind, H. D.(2002): Kriminologie, 12. Auflage, Kriminalistik Verlag Heidelberg.

Abbildungsverzeichnis

Abb 1: Heinz, W. (2003): Kriminalität in Deutschland unter besonderer Berücksichtigung der Jugend- und Gewaltkriminalität. KONSTANZER INVENTAR KRIMINALITÄTSENTWICKLUNG.

Abb 2: Heinz, W. (2003): Kriminalität in Deutschland unter besonderer Berücksichtigung der Jugend- und Gewaltkriminalität. KONSTANZER INVENTAR KRIMINALITÄTSENTWICKLUNG.